Dilo Ki Shayari

Mun ki ankhein baatein

Rohit Shukla

Made with ❤ on the BookLeaf Publishing Platform
www.bookleafpub.in
www.bookleafpub.com

Dedication

I dedicate Dilo Ki Shayari to my family , whose love is my strength, to my love also ,who never stopped believing in me.
and to every reader whose heart beats a little louder after reading a Shayari.....................

This is my love belongs to you Guys......

Preface

Dilo Ki Shayari is a collection born from the depths of emotion capturing the silent whispers of the heart . Each verse reflects a moments , a feeling, or a story that once stirred the soul . Writing this book has a been a journey of expressions and connection a way to give voice to unspoken thoughts and bring light to quite concerns of love and longing .I hope readers find pieces of their own hearts in these words,

Acknowledgements

I would like to express my sincere gratitude to everyone who supported me throughout this journey. I am also grateful to your website for providing me the platform necessary for the successful completion of this work .

Special thanks to my love of my life for encouraging me to write this book. Your belief in me kept me going .

Lastly I thank all those contributed , directly or indirectly to this endeavor . Your help and inspiration have been truly meaningful..

1. Khoobsurat

Kya Khoobsurat Nazaara Hain wo

Jab Tu Meri Baaho Main Ho
Jab Thamne Laage Waqt Mera
Tu Hi Mera Saahara Ho
Aur Jab Aae Mohobaat Krne Ki
Baari
Mere Laabo Pai Sirf Naam
Tumahara Ho

2. Dhokebazz

Vo Hamare Samne Hi

Hamare Hote Hain

Hamse Door Jaake Auro Ki

Bahoo Main Sote Hain

Kitne Azeeb Hote Hain Vo

Shaaks

Jo Aapke Samne Aapke Aur Apke

Bina

Kisi Aur Ki Baaho Main Sote Hain

3. Lafzz

Lafz Kitne Bhi Likhu Kam Hi
Paad Jaate Hain
Jaab Bhi Vo Paas Aate Hain Ham
Naam Paad Jate Hain
Aab Nahi Hoti Hamse Pyaar
Bhari Baatein
Koi Jao Unhe Baataon
Unse Door Hoke
Ham Maar Hi Jaate

4. Phool

Dekhne Main Vo Phool Si Hain

Uski Khusboo Pheli Barish Ki Boond Si Hain

Aur Jo Koi Jee Bhar Ke Dekhle Ussay

Uske Leye Vo Sukoon Si Hain

Kisi Ke Leye Vo Noor Si Hain

Uski Khusbbo Mere Leye Pheli Baarish Ki Boond Si Hain

5. Janab

Kitna Badal Gaye Tere Jaane Ke
Baad
Hamne Jaan Leya
Koi Bhi Nasha Nhi Krenege
Hamne Thaan Leya
Kitni Shiddat Se Mohobaat Ki thi
Hamne Aapse

Aab Dubara Nahi Hogi Yeh Kisi Janab Se

6. Aakela pan

Jab sab kuch mushkil aur marna aasan lage

Jab bhari mehfilo main mehfil viraan lage

Tab zindagi ka aasli matlab samj aata hain

Wo lamha jab aandhera roshni ko dhoonde lage

Jab haste chere bhi udass lagne
lage
Tab roshni ki ahmiyat ka khaayal
ata hain

7. Aadhuri Mohobaat

Kya Khoob Likha Hain Likhne
Wale Ne
Kya Khoob Likha Hain Likhne
Wale Ne
Mohobaat Mil Bhi Jae To
Puri Nahi Hoti
Uska Adhura Rhena Hii Bhetar
Hain

Aur Kuch Rhistey Naa Hii Apne Hue
Unka Apna Naa Hii Hona Bhetar Hain

8. Khusi

Meri Khusi Kaa Raaz Mujshe
Naa Hi Pucho To Bhetar Hain
Kitne Gam Is Dil Main Dafan
HAin
Naa Hi Pucho to Bhetar Hain
Yuhi Nahi Muskurate Ham
Mehfilo Main
Kitna Roye Hain Akele Main
Mujshe

Naa Hi Pucho to Bhetar Hain

9. Khaab

Ek Khaab Hain Jo Kbhi Sone
Nahi Deta
Raaton Ko Neend Main Khone
Nahi Deta
Palke Band Hoti Hain Raaton
Main
Aur Vo Khaab
Muje Rone Bhi Nahi Deta

10. Uske Bina

Mera Khayal Uske Khayal Se
Jaata Hi Nahi
Kya Kru Muje Kuch Aur Aata Hi
Nahi
Uske Bina Aab Jiya Jata Bhi Nahi

11. Sab Chorkar

Aa Rha Hu Tujshe Milne Saabko Peeche
Chhodake
Kya Tu Bhi Chal Paaegi Aapno Ka Sath
Chhodake
Agar Teri Naa Hain To Aabhi Bta De

Main Maa Ko Bol Aaya Hu

Jaa Raha Hu Maa

Tujhe Choodake

12. Race

Naa Jane Bhag Raha Hu Kiss
Race Main
Saare Apne Peeche Reh Gaye Iss
Race Main
Aakhir Main Kya Hi Mila Muje
Maut Ka Inam Rakha Gaya Hain
Race Main

13. Dard

Dil Main Dard Hain Kya Kare

Iss Darde Dil Ki Dawa

Kya Kre

Aab Ek Hii Sahara Hain

Mohobaat Hii Darde Dil Ka

Guzara Hain

14. Jhooti

Vo Hame Kuch Batate Hi Nahi
Puchne Paar Khete Hain Ham
Kuch Chupaate Hii Nahi
Kaise Karle Ham Bharosa Unki
Baaton Kaa
Joo Khud Milne Ka Waqt Dekar
Milne Aate Nahi

15. Aadhuri

Kuch Vaade ,Kuch Sapne, Kuch Sath
Kabhi Poore Nahi Hote
Unka Aadhura Rhena Hii Bhetar Hain
Jo Bhi Tha Hamare Beech

Aab Unki Yaadon Ke Sahare

Jeena Hii Rhena Hii Bhetar Hain

16. Holi

Mera Ek Sawaal Hain
Tum Mera Jawab Bano
Jab Aaye Holi
Tum Hi Mera Gulal Bano

17. Sabar

Hamesha Harta Hii Aaya Hu
Kaise Kisi Se Jeet Jaunga
Main Mohobaat Main Hu Yaaro
Thoda Sabar Rakho
Vaise Hii Mar Jaunga

18. Waqt

Thora Waqt Aur Bitana Tha
Tumhare Sath
Thora Aur Nibhana Tha Tumhare
Sath
Thori Baatein Karni Thi
Thori Aur Zindagi Jeene Thi
Tumhare Sath
Thora Aur Khayal Rakhna Tha
Tumhara
Thora Aur Pyaar Jatana Tha ......

Par Hua Yu Ki aachanak Alvida
Khene Ka
Waqt Aa Gaya
Saanse Bhari Ho Chali Aur
Dil Main Toofan Aa Gaya

19. Rote Hue

Maine Aasman Ko Rote Dekha Hain
Chaand Ko Badaalo Main Khote Dekha Hain
Yeh Mohobaat Badi Kharab Cheez Hain
Mere Dost
Maine Taaron Ko Zameen Ka Hote Dekha Hain

20. Sharab

Teri Khusbu Mere Leye Gulaab Ki Tarah Hain
Saawan Main Aii Bahar Ki Tarah Hain
Aur Jab Tu Bhar Leti Hain Mujhe Baaho Main
Voo Nasha Mere Leye Sharab Ki Tarah Hain

21. Gale Lagana

Uska Muje Gale Lagaana Mere
Leye Daawa Hain
Uska Muje Gale Lagaana Mere
Leye Daawa Hain

Uske Bina Jee Raha Hu
Isse Badi Bhi Kya Koi Maut Ki
Saja Hain

22. Samaaj

Waqt Itna Kharab Aa Gaya
Teri Meri Mohobaat Ke Beech
Yeh Samaaj Aa Gaya
Naa Chahate Hue Bhi Door Hona
Paad Raha Hain
Waqt Itna Kharab Aa Gaya

23. Papa Ki Pari

Maine Uske Haaste Chere Pai
Gaam Ki Silwate Dekhi Hain
Maine EK Papa Ki Pari
Kisi Aur Ke Ghar Main Dari Dari
Dekhi Hain

24. Duniya

Mere Lafzo Kii Takat Badi Gheri Hain
Meri Shayari Mere Khoon Se Bhi Gheri hain
Kya Hi Btau Main Duniya Ko Aapne Jazbaat
Yeh Duniya Bheri Hain

25. Matlabi Log

Naa Koi Apna Bana
Naa Ham Kisi Ko Apna Bana
Paye
Yeh Matlab Ki Duniya Hain
Yaaro
Yha Bas Matalabi Hii Kaam Aae

26. Barbaad

Karze Ki Zindagi Hain
Phir Bhi Kisi Ke Karzdaar Hue
Bhete Hain
Hamne Bhi Ki Thi Mohobaat
Janab
Aab Barbad Hue Bhete Hain

27. Soch

Kapdo se usne meri pehchan bnali

suit salwar chunni phenu to

sanskaari hu main

crop top mini skirt phenu to

baazaru hoon main

khud dekhte hain yeh muje

aaesi nazroo se

phir ilajm lagate hain mere

kapdo se

kya khu aur kru main inki soch

ka

main to nari hu
shena pdega mujhe haar bojh
inka
lakin yeh to inki soch hain
ismai mere kapdo ka kya dosh
hain
jo marzi vo phenu mai
kharab main nahi
inki
soch hain

28. Safar / Suffer

Zindagi Ek Safar Hain Aur Ham
Suffer Kar Rahe Hain
Jeene Ki Khawaish Main Rooz
Thoda Maar Rahe Hain
Mohobaat Unhe Bhi Hain
Mohobaat Hame Bhi Hain
Lakin Dono Zamane Se Daar
Rahe Hain

29. Marna

Main Akela Hii Bhetar Tha
Tere Jaane Ke Baad Tanha Ho Gaya
Jeene Ki Khawaish Nahi Rahi Muje
Marna Mere Leye Bhetar Ho Gaya

30. Hamsafar

Mujshe Milne Aaana To
Thoda Waqt Lekar Aana
Mujhe Gadi Dekhna Pasand Nahi
Meri Zindagi Main Tere siva Koi
Aur
Humsafar Nahi

31. Tera Sth

Itna toot Chuke Hain
Jodne Se Bikhaar Jange
Kitne Hassen the vo paal
Joo Tere Sath Jeeye
Marne Talak Aab Bhool Nahi Paange

32. Naari Shakti

Mere Desh Ke 9 Jaavano
Naari Shakti Ko Maano
Naari Pai Aatyachar
kyu
Hota Hain Har Baar
Nari Hain Jag Ki Rani
Mat Karo Aapni Manmani
Nari Pai Aatyachar
Kyu
Hota Hain Haar Baar
Satyug Se Lekar Kalyug
Bas Ho raha haha kaar

Satyug Main Hamari Seeta Bhi

Sab kucch Haari

Dwapur yug mai utaari Dropadi

Ji Ki Saari

Kalyug Main Janwaro nai

Choti Choti Bachiyan Noch Daali

Nari Nari Nari

Aab Nari Ki Hain Baari

Samaan Ki Hain Baari

Nari Hain sab Par Bhari

Jay Nari Jay Nari

www.ingramcontent.com/pod-product-compliance
Lightning Source LLC
Chambersburg PA
CBHW062308240926
51846CB00013B/829
9789369535422